BEI GRIN MACHT SICH IHR WISSEN BEZAHLT

AF140770

- Wir veröffentlichen Ihre Hausarbeit,
  Bachelor- und Masterarbeit

- Ihr eigenes eBook und Buch -
  weltweit in allen wichtigen Shops

- Verdienen Sie an jedem Verkauf

Jetzt bei www.GRIN.com hochladen und kostenlos publizieren

Bibliografische Information der Deutschen Nationalbibliothek:

Die Deutsche Bibliothek verzeichnet diese Publikation in der Deutschen National-
bibliografie; detaillierte bibliografische Daten sind im Internet über http://dnb.d-
nb.de/ abrufbar.

Impressum:

Copyright © 2018 GRIN Verlag
Druck und Bindung: Books on Demand GmbH, Norderstedt Germany
ISBN: 9783668690189

Dieses Buch bei GRIN:

https://www.grin.com/document/416280

Elias Epp

Werbesprache in der DDR

GRIN Verlag

GRIN - Your knowledge has value

Der GRIN Verlag publiziert seit 1998 wissenschaftliche Arbeiten von Studenten, Hochschullehrern und anderen Akademikern als eBook und gedrucktes Buch. Die Verlagswebsite www.grin.com ist die ideale Plattform zur Veröffentlichung von Hausarbeiten, Abschlussarbeiten, wissenschaftlichen Aufsätzen, Dissertationen und Fachbüchern.

Besuchen Sie uns im Internet:

http://www.grin.com/

http://www.facebook.com/grincom

http://www.twitter.com/grin_com

Inhalt

1. Einleitung

Die Werbung in der Deutschen Demokratischen Republik (DDR): Ein sehr interessantes, aber auch sehr widersprüchliches Gebiet. Wenn man den Begriff Werbung hört, denkt man automatisch an Werbespots und Werbeplakate, die ein Produkt anpreisen, das verkauft werden soll. Man denkt auch an riesige Bildschirme am Times Square, die den Menschen animieren soll, das jeweilige Produkt zu kaufen. Und vor allem verbindet man damit eins: den Kapitalismus. Doch wie passt Werbung in die DDR? Ein sozialistischer Staat, dessen Wirtschaft ausschließlich vom einer Partei gelenkt und kontrolliert wurde. In dem es keinerlei Wettbewerb zwischen Marken oder Unternehmen gab, da der Staat vorgab, was produziert und verkauft wurde. Man muss sich die Frage stellen, ob es überhaupt notwendig war, Werbung zu betreiben in solch einem System und wie sie sich zum Kapitalismus unterschied.

In dieser Arbeit wird zunächst ein Überblick über das politische System, das Wirtschaftssystem und die Gesellschaft verschafft und dargestellt, wie die Deutsche Demokratische Republik als Ganzes aufgebaut war. Danach wird der Bereich der Medien in der DDR beleuchtet, um sich vor Augen führen zu können, wie Werbung überhaupt verbreitet wurde. Als Nächstes wird die Werbung der DDR und ihr Aufbau im Allgemeinen erläutert, um dann zu verstehen, wer die Werbung machte und wie sie gemacht wurde. Um diese eben genannten Aspekte vor Augen zu haben, wird letztendlich ein Werbeplakat präsentiert und ausgewertet. Das alles geschieht in Berücksichtigung der Frage: Wie viel Politik und wie viel Warenwerbung steckte in der ostdeutschen Werbelandschaft?

2. Die Deutsche Demokratische Republik

Um zu begreifen, was das Besondere an der Werbung und insbesondere der Werbesprache in der DDR ist, muss man sich zunächst ihr politisches System, ihr Wirtschaftssystem, sowie auch ihre Gesellschaft und deren Merkmale vor Augen führen. Die genannten Aspekte werden nun dargestellt und erläutert, um dann Parallelen oder Gegensätze zwischen System und Werbung bzw. Werbesprache feststellen zu können.

2.1. Das politische System der DDR

Das politische System der DDR war eine Diktatur ohne existierende Gewaltenteilung. Die Macht ging einzig und allein vom Zentralkomitee der Sozialistischen Einheitspartei Deutschlands (SED) aus, die umfassend und ohne Kontrolle einer judikativen Instanz herrschte. In ihrem Selbstverständnis war die DDR ein sozialistischer Staat[1] und arbeitete nach den Grundprinzipien einer Volksrepublik. Da der Staat nur von einer Partei, nämlich der Einheitspartei SED, regiert wurde, spricht man bei der DDR von einer Parteidiktatur[2]. Die Partei- und Staatsführung in der Deutschen Demokratischen Republik berief sich auf die Lehre des Marxismus-Leninismus[3] und legte diese verbindlich für alle Bürger des Staates aus. Der Staat beanspruchte totale Gestaltung und Kontrolle von allen Bereichen der Gesellschaft und versuchte diese so gut es ging zentral zu steuern. Bereiche wie Staat, Recht, Wirtschaft, Wissenschaft, Kultur und auch die Presse besaßen keine Selbstständigkeit, sondern waren der Einheitspartei SED bedingungslos unterworfen. Zur Kontrolle, politischen Steuerung und zur Durchdringung jeglicher gesellschaftlicher Bereiche installierte man einen auf alle Teilbereiche ausgedehnten, zentral gelenkten und hierarchischen Herrschafts- und Verwaltungsapparat, der die SED und die Staatsorgane gänzlich miteinander verband und dies auch langfristig sicherte. Die politische Herrschaft musste keine Rücksicht auf weltanschaulichen und politischen Pluralismus[4]

---

[1] zu Sozialismus: siehe Kapitel 2.1.1.

[2] Werle, Gerhard (u.a), Strafjustiz und DDR-Unrecht: Gewalttaten an der deutsch-deutschen Grenze, Berlin 2002, S.654.

[3] zu Marxismus-Leninismus: siehe Kapitel 2.1.2.

[4] Duden: „innerhalb einer Gesellschaft, eines Staates [in allen Bereichen] vorhandene Vielfalt gleichberechtigt nebeneinander bestehender und miteinander um Einfluss, Macht konkurrierender Gruppen, Organisationen, Institutionen, Meinungen, Ideen, Werte, Weltanschauungen usw.".

nehmen und wurde von Verfassung und Recht kaum begrenzt. Gerhard Werle bezeichnet die Gesellschaft der DDR in Anbetracht der Merkmale des Systems deshalb als eine „durchherrschte Gesellschaft".[5]

2.1.1. Der Sozialismus

Der Begriff Sozialismus, der aus dem Lateinischen stammt und übersetzt „kameradschaftlich" bedeutet, und auch dessen Umsetzung werden oft synonym mit dem Kommunismus verwendet. Über die Synonymität dieser beiden Begriffe sind sich Politikwissenschaftler uneinig. Einige sind davon überzeugt, dass der Sozialismus nur eine Vorstufe zum Kommunismus ist. Andere sind der Meinung, Sozialismus wäre die reale Umsetzung des Kommunismus und wieder andere behaupten Sozialismus und Kommunismus seien das gleiche. Was man aber grundsätzlich sagen kann ist, dass ein auf der sozialistischen Lehre aufgebauter Staat, wie z.B. die DDR, eine Gesellschaftsordnung anstrebt, in der die Werte Gleichheit, Solidarität und Gerechtigkeit zwischen allen Menschen gewährleistet sein sollen. Er zielt darauf ab die „Gegengesellschaft" zum individualistisch-liberalen Kapitalismus[6] zu sein. Ein sozialistischer Staat verfolgt das Ziel eine optimale und harmonische, staats- und klassenlose Gesellschaft herzustellen und die Ausbeutung der Arbeiter zu beenden. Das bedeutet, dass alle Menschen den gleichen Stellenwert haben und das Volk sich selbst regiert. Außerdem soll eine durchweg vom Staat gelenkte Zentralverwaltungswirtschaft[7] installiert werden, in der es kein privates Grund- oder Kapitaleigentum gibt. Die Durchführung und den Umfang legt jeder Staat für sich selbst fest. Wie bei jeder Gesellschaftsform wurde und wird auch Kritik am Sozialismus laut, welche vor allem von Vertretern des liberalen Kapitalismus geäußert wird. Sie kritisieren, dass die angestrebten Werte Gleichheit, Gerechtigkeit und Solidarität nur mit einem umfassenden Kontrollsystem erreicht werden könne. Außerdem würden

---

[5] Werle, Gerhard (u.a), Strafjustiz und DDR-Unrecht: Gewalttaten an der deutsch-deutschen Grenze, Berlin 2002, S.654.

[6] zu Kapitalismus: siehe Kapitel 2.1.3.

[7] zu Zentralverwaltungswirtschaft: siehe Kapitel 2.2.1.

die Individuen entmündigt, da politische Vorstellungen und Aktivitäten nicht unbedingt gemeinwohlfördernd sein müssten.[8]

2.1.2. Der Marxismus-Leninismus

Die SED definierte den Marxismus-Leninismus als „die von Marx und Engels begründete und von Lenin weiterentwickelte wissenschaftliche Weltanschauung der Arbeiterklasse, die von der internationalen kommunistischen Bewegung auf der Grundlage der Erfahrungen des sozialistischen und kommunistischen Aufbaus und der Praxis des revolutionären Befreiungskampfes ständig bereichert wird.“[9] Lenin teilte den Marxismus-Leninismus in drei große Bestandteile. Die Grundlage bildet der „Dialektische und Historische Materialismus“[10], der als Anleitung zum Aufbau eines kommunistischen bzw. -im Falle der DDR-sozialistischen Systems dienen soll. Lenins „Politische Ökonomie“[11] ergründet die Beziehung der Menschen zueinander und in Beziehung mit Arbeit und Produktion. Der dritte Bestandteil ist der wissenschaftliche Sozialismus, den Lenin als „Wissenschaft vom Klassenkampf des Proletariats [Arbeiterklasse] und der Errichtung der sozialistischen und kommunistischen Gesellschaft“[12] bezeichnet. Der wissenschaftliche Sozialismus ist demzufolge die Erforschung und das Ergründen der ersten beiden Bestandteile. Allgemein kann man den Marxismus-Leninismus also als Leitfaden bezeichnen, wie ein kommunistischer bzw. sozialistischer Staat aufgebaut und strukturiert werden sollte.

---

[8] Sauerland, Dirk, Sozialismus.

[9] Stalin, Josef, Über Dialektischen und Historischen Materialismus, Moskau 1938.

[10] Ebd.

[11] Ebd.

[12] Lenin, Wladimir Iljitsch, Drei Quellen und drei Bestandteile des Marxismus, in: Prosweschtschenije.

2.1.3. Der Kapitalismus

Der Kapitalismus ist eine Bezeichnung für ein System in der eine Marktwirtschaft vorherrscht, in dem die sogenannten Kapitalisten das Privateigentum an den Produktionsmitteln (Fabriken, Betriebe etc.) haben. Außerdem wird die Wirtschaft nicht durch eine zentrale Instanz gelenkt, sondern regelt sich selbst durch die Funktion von Angebot und Nachfrage. Das bedeutet, dass Produkte, die häufiger erworben werden auch teurer werden, wohingegen bei Produkten, die weniger häufig erworben werden der Preis sinkt. Außerdem zeichnet sich der Kapitalismus durch einen starken Wettbewerb aus. Das heißt, dass Hersteller in Konkurrenz zueinander stehen und versuchen einen höheren Absatz als ihre Konkurrenten zu erzielen. Der Kapitalismus wird allgemein als das genaue Gegenteil zum Kommunismus gesehen.

2.2. Das Wirtschaftssystem der DDR

Das Wirtschaftssystem der DDR war eine Zentralverwaltungswirtschaft, die durch die *Staatliche Plankommission* gesteuert wurde und in der die Produktion auf Basis von Fünfjahresplänen ablief. Angebote und Nachfrage wurden also, anders als in der westlichen Marktwirtschaft, vorher festgelegt und es wurde strikt nach dem Fünfjahresplan gehandelt. Dadurch entstand ein sogenanntes Subventionssystem, also ein Wirtschaftssystem, in dem der Staat aktiv in den Markt eingreift, um ihn zu lenken. Außerdem bestand dadurch eine durchgehende Lebensmittelknappheit, weswegen vor allem Importgüter selten bzw. knapp vorhanden waren. Das Wirtschaftssystem beruhte auf der Zwangssozialisierung von privaten Eigentumsformen in Landwirtschaft, Industrie, Handwerk und Handel. Positive Folgen des Systems waren eine hohe Arbeitsplatzsicherheit und eine hohe Frauenquote auf dem Arbeitsmarkt.[13]

---

[13] Martens, Bernd (2010), Die Wirtschaft in der DDR.

2.2.1. Zentralverwaltungswirtschaft

Die Zentralverwaltungswirtschaft, auch Planwirtschaft genannt, ist eine „Wirtschaftsordnung, in der die innerhalb einer Gesellschaft ablaufenden Wirtschaftsprozesse von einer staatlichen Zentralinstanz geplant und koordiniert werden."[14] In der Optimalvorstellung dieser Wirtschaftsform ermittelt der Staat die Bedürfnisse des gesamten Volkes und verteilt die produzierten Güter gerecht. Er legt fest, welche Produkte hergestellt und angebaut werden und auch in welcher Menge diese hergestellt bzw. angebaut werden müssen. Außerdem werden die aufzubringenden Dienstleistungen genau fixiert. Die Ziele der Wirtschaft werden in sogenannten Perspektivplänen genau festgelegt. In der Regel sollte nicht von diesen Plänen abgewichen werden. Die Frist dieser Pläne definiert jeder Staat für sich selbst. Im Falle der DDR wurden die Pläne für fünf Jahre festgelegt, daher auch der Name „Fünfjahresplan". Auch die Wege und Mittel, mit denen die Vorhaben und Ziele umgesetzt bzw. erreicht werden sollen, werden im Plan aufgelistet. Die Ziele variieren ebenfalls von System zu System, da logischerweise nicht jeder Staatsboden die gleichen Rohstoffe und Gegebenheiten vorweist. Daher hängt der Umfang der Pläne von der jeweiligen Wirtschaftskapazität ab. Wie überall wurde und wird am Prinzip der Zentralverwaltungswirtschaft häufig Kritik geäußert. Der häufigste Vorwurf ist die vermeintliche Starre des Wirtschaftssystems. Durch die beharrliche Einhaltung des Perspektivplans seien kurzfristige Änderungen des ausländischen bzw. des Weltmarktes nicht aufzufangen. Auch unerwartete Veränderungen der eigenen Ausgangslage, d.h. Naturkatastrophen und Ähnliches, könnten nicht kompensiert werden. Außerdem existiert kein wirklicher Markt als solcher, mit der Funktion von Angebot und Nachfrage, wodurch es zu einem Stillstand der Wirtschaft komme. Als „Beweis" für diese Kritik führen die Kritiker immer wieder das Argument an, dass es bis heute kein einziges Land mit einer Zentralverwaltungswirtschaft als Wirtschaftsform geschafft habe, die Planung und Realisierung harmonisch zu gestalten. Nach dem Zusammenbruch des sozialistischen bzw. kommunistischen Osteuropa im Jahre 1989 haben nur noch

---

[14] Sauerland, Dirk, Zentralverwaltungswirtschaft.

wenige Länder der Erde eine Zentralverwaltungswirtschaft. Heutzutage sind dies nur Kuba, Nordkorea und die Volksrepublik China.

3. Medien und Presse in der Deutschen Demokratischen Republik

Wie auch alle anderen Institutionen in der DDR arbeiteten auch die Massenmedien nach der marxistisch-leninistischen Lehre, genauer gesagt der marxistisch-leninistischen Pressetheorie. Diese „betrachtet die Presse nach ihrer Zielsezung und Wirksamkeit als eine politische Institution und zählte sie ihrer Ideologie entsprechend zum Überbau."[15] Die Medien tragen aktiv dazu bei, dass die Gesellschaft eine bestimmte Form annimmt.[16] Sie lenken die öffentliche Meinung hin zu der marxistisch-leninistischen Ausrichtung ihres Herrschaftssystems. Nach Lenin seien die Medien „kollektiver Propagandist, kollektiver Agitator[17], sowie kollektiver Organisator"[18]. Das bedeutet zum einen, dass die Medien die Gesellschaft politisch-ideologisch erziehen soll, dadurch, dass sie kommunistische Theorien und Überzeugungen darlegen und erläutern müsse. Zum anderen müssten sie die aktuelle Politik der Einheitspartei SED -wie zu erwarten in einer Parteidiktatur- bedingungslos unterstützen. Außerdem seien sie dazu aufgerufen, die Arbeiterschaft im Volk „zum Aufbau des Sozialismus mobilisieren und zur bereitwilligen Planerfüllung zu bewegen."[19] Angesichts einer solch engen Verstrickung von Staat und Medien ist es nicht verwunderlich, dass die Medien alles andere als frei handelten und berichteten. Alle Medienanstalten von Funk, Fernsehen und Printmedien unterstanden der staatlich organisierten Nachrichtenagentur ADN (Allgemeiner Deutscher Nachrichtendienst). Während es z.B. in der ersten Verfassung der DDR von 1949 noch ein Zensurverbot gab,

---

[15] Benning. Kristen, Die Geschichte des SED-Zentralorgans „Neues Deutschland" von 1946 bis 1949, Münster 1997, S.6.

[16] Ebd., S.7.

[17] zu Agitation und Propaganda: siehe Kapitel 3.2.

[18] Wilke. Jürgen (u.a.), Medien DDR, Frankfurt am Main 2002, S. 214.

[19] Jürgen Wilke (u.a.), Medien DDR, Frankfurt am Main 2002, S. 214.

wurde dies in der neuen Verfassung von 1968 aufgehoben. Somit konnte die SED ab 1968 sämtliche Zeitungen, Radiobeiträge und Fernsehsendungen nach Belieben zensieren. Wie in einer Diktatur üblich, besaß auch die SED parteieigene Zeitungen. Insgesamt waren es 15 Zeitungen mit 218 Lokalausgaben, wovon die Freie Deutsche Jugend (Jugendorganisation der SED) mit ihrer Tageszeitung „Junge Welt", die größte Auflage hatte. Die Gesamtauflage der Tagespresse belief sich im Jahr 1989 auf 9,7 Millionen Zeitungen. Die SED-eigenen Zeitungen hatten daran einen Anteil von 6 Millionen, was verdeutlicht wie enorm der Einfluss des Staates auch im öffentlichen Leben war. Jede Tageszeitung, die man kaufte, gehörte entweder der SED oder war vor Herausgabe von der SED kontrolliert und gegebenenfalls zensiert worden. Die Tageszeitungen waren außerdem sehr günstig mit einem Preis von 15 Pfennig der Ostmark, was heute ungefähr 0,016 Euro, also ungefähr 2 Cent entspricht. Dadurch konnte sich die Regierung sicher sein, dass ihre Propaganda und ihre Agitation die Mehrheit der Bürger erreichte und maßgeblich beeinflusste, da sich jeder Bürger täglich eine Zeitung leisten konnte. Der Druck aller SED-Tageszeitungen fand in einer zentralen Druckerei statt, wie üblich in einem zentralisierten System, wie die DDR es war.[20]

3.1. Agitprop

Der Begriff Agitprop ist eine kunstvolle Zusammensetzung der Begriffe **Agit**ation (lat. *agitare* „aufregen", „aufwiegeln") und **Prop**aganda (lat. *propagare* „verbeiten", „ausbreiten"). Er ist ein zentraler Terminus der kommunistischen politischen Werbung in der Lehre Lenins.[21] Die „Abteilung Agitation und Propaganda" bildete eine eigene Institution im Zentralkomitee der SED und bediente sich der intensiven politischen Werbung. Es gab spezielle Funktionäre die diese Abteilung leiteten. Die SED-Massenorganisationen wie z.B die Freie

---

[20] Ebd., S.216.

[21] Grabowsky, Ingo, Agitprop in der Sowjetunion. Die Abteilung für Agitation und Propaganda 1920–1928. Bochum/Freiburg 2004.

Deutsche Jugend waren Werkzeuge der Regierung für politische Propaganda und Agitation. Im Studium der Journalistik oder der Politik an DDR-Universitäten musste gar jeder Student das Fach Propagandamethoden erfolgreich belegen.[22]

4. Werbung in der Deutschen Demokratischen Republik

Nach dem Zweiten Weltkrieg wurde großes Unverständnis in der sowjetischen Besatzungszone, die DDR ja anfangs noch war, geäußert. Viele sahen Werbung als ein Überbleibsel der überwundenen kapitalistischen Wirtschaftsordnung, welches auch noch einen „zusätzlichen, produktionshemmenden Kostenfaktor [aufweise]".[23] Aus diesem Grund und gerade um sich von der kapitalistischen Bundesrepublik abzugrenzen, stellte man den ostdeutschen Begriff „Werbung" der westdeutschen „Reklame" gegenüber.[24] Für viele erschloss sich auch der Sinn von Werbeformen nicht, da die Verteilung der Waren bereits im Plan geregelt war und man deshalb keine absatzfördernde Werbung brauche.[25] Trotzalledem wurde Werbung in der DDR verwendet und zeigte sich im Laufe der Zeit durchaus notwendig für den Binnenhandel. Im Gegensatz zum Westen wurde sie jedoch mit einer anderen Zielsetzung und unter ganz anderen Bedingungen verwendet. Die Werbung musste nicht den Absatz fördern, da dieser bereits im Fünfjahresplan festgelegt wurde, sondern wurde eher zur Lenkung des Absatzes benutzt. Hierzu gibt es ein bekanntes Beispiel: In den Sechzigerjahren wurden verstärkt Hühnereier beworben, jedoch verschätzte man sich und schon bald herrschte ein Eiermangel, den man aufgrund des strikten Fünfjahresplan nicht kurzfristig auffangen konnte. Also wies man in den Medien auf die angebliche Schädlichkeit von Cholesterin hin, das in großen Mengen in

---

[22] Gibas, Monika, Propaganda in der DDR, Erfurt 2000.

[23] Hamann, Lennart: Werbung in der DDR. Produktinformation oder politische Propaganda.

[24] Golonka, Joanna, Werbung und Werte: Mittel ihrer Versprachlichung im Deutschen und im Polnischen, Wiesbaden 2009, S.31.

[25] Hamann, Lennart: Werbung in der DDR. Produktinformation oder politische Propaganda.

Hühnereiern vorhanden ist.[26] Dies galt grundsätzlich für alle Bereiche des Verkaufs. Häufig wurde Werbung für Produkte betrieben, die alles andere als ausreichend vorhanden waren.[27] Die Werbung sollte die Mängel und Probleme des Systems überdecken und „Vorstellungen vom Schönen, vom Vergnügen und von der Lust vermitteln".[28] Sie sollte die heile Welt popularisieren und „Mühsal, Krankheit und Mangel ausklammern".[29] Außerdem wurde durch die Werbung die sozialistische Lebensweise propagiert und die Stärke des Sozialismus demonstriert. Hierbei „scheute man sich nicht vor Lügen und Halbwahrheiten, Manipulation, Druck, Repression usw.".[30] Trotz des sozialistischen Wirtschaftssystems war die Werbung, wie vorher bereits erwähnt, durchaus notwendig, um zum Beispiel die Kunden zum einen zum Kauf der Waren zu animieren und zum anderen, um sie über die Waren zu informieren. Des Weiteren sollten die sozialistischen Leitbilder des Konsums durch die Werbung propagiert werden. Diese waren für die SED vor allem Jugend, Gesundheit, Kochen, Essen, Wohnen und andere. Aufgrund des fehlenden Marktes und des damit fehlenden Wettbewerbes hatte die Werbung einen anderen Symbolgehalt als im Kapitalismus. Die Verbraucher mussten nicht zwischen verschiedenen Herstellern und Produkten wählen. Deshalb wurde anstatt der Warenanpreisung eher eine Vermittlung von lebensweltlich-kulturellen Inhalten betrieben. Es wurde für einen sozialistischen Staat außerdem ein ungewöhnlich hoher Fokus auf die Werbung gelegt. So wurde ab 1963, mit dem „Neuen Ökonomischen System" (NÖS)[31], ein jährlich festgelegter Werbefonds ins Leben gerufen, der von den Betrieben unabhängig von Absatz und Produktionskosten für Werbung ausgegeben werden musste. Damit herrschte so gesehen eine Verpflichtung

---

[26] Golonka, Joanna, Werbung und Werte: Mittel ihrer Versprachlichung im Deutschen und im Polnischen, Wiesbaden 2009, S.31.

[27] Hamann, Lennart: Werbung in der DDR. Produktinformation oder politische Propaganda.

[28] Tippach-Schneider, Simone, Das große Lexikon der DDR-Werbung, Berlin 2002, S.8.

[29] Ebd.

[30] Joanna Golonka, Werbung und Werte: Mittel ihrer Versprachlichung im Deutschen und im Polnischen, Wiesbaden 2009, S.31.

[31] Neues Ökonomisches System: ab 1963 reformiertes sozialistisches Wirtschaftssystem; brachte kurzfristig wirtschaftliche Stabilisierung, wurde 1970 wieder abgeschafft, aufgrund falscher Investitionspolitik.

der Betriebe zum Werbungmachen. Dazu wurden so gut wie alle Medienformen genutzt: von der Anzeige in der Tageszeitung bis hin zur Fernsehwerbung.

4.1. Die DEWAG als Verwalterin der Werbung

Die Deutsche Werbe- und Anzeigengesellschaft (DEWAG) wurde 1945 in Dresden von der Kommunistischen Partei Deutschlands (KPD) gegründet. Nach der Fusionierung von der Sozialdemokratischen Partei Deutschlands (SPD) mit der KPD zur SED wurde die DEWAG zum parteieigenen Betrieb in der Abteilung Agitation des Zentralkomitees, in dem die 40 höchsten politischen Funktionäre saßen, und ihre Hauptverwaltungsstelle in die DDR-Hauptstadt Ost-Berlin verlegt. Sie war die zentrale Leitinstitution der Inlandswerbung der DDR und schon bald nach der Gründung gab es in jedem Bezirk der DDR mehrere DEWAG-Direktionen, um die Werbung im Staat besser lenken, kontrollieren und zensieren zu können.[32] Der Aufgabenbereich der DEWAG beschränkte sich nicht nur auf die Warenwerbung. So wurden auch Großveranstaltungen, wie z.B. der 1.Mai, der als „Kampf- und Feiertag der Arbeiterklasse"[33] als eines der wichtigsten Feste in der DDR galt, von der DEWAG propagiert.[34] Auch die Veranstaltungen zum 7. Oktober, dem Gründungstag der DDR, wurden von ihr propagiert und organisiert. Außerdem gehörte die Veröffentlichung und Verteilung politischer Plakate mit zum Aufgabenbereich der DEWAG. Von ihrer Gründung bis zum Jahre 1954 wurden ihr alle Werbeagenturen und -ateliers der DDR zugehörig gemacht, wodurch es zu einer uneingeschränkten Monopolstellung in der Werbebranche kam.[35] Die DEWAG hatte als einzige das Recht über den gesamten Plakatanschlag im Staat. In den Jahren nach ihrer Verstaatlichung festigte die DEWAG ihren Rang als „größter zentraler

---

[32] Golonka, Joanna, Werbung und Werte: Mittel ihrer Versprachlichung im Deutschen und im Polnischen, Wiesbaden 2009, S.31.

[33] Meyers Neues Lexikon, Leipzig 1972, S.366.

[34] Hamann, Lennart: Werbung in der DDR. Produktinformation oder politische Propaganda.

[35] Hamann, Lennart, Werbung in der DDR. Produktinformation oder politische Propaganda

Dienstleistungsbetrieb für Werbung"[36]. Ihre Aufgaben waren neben der Werbeberatung und der Gestaltung und Herstellung von Werbemitteln auch die ökonomische, kulturelle und vor allem die politische Agitation und Propaganda. Diese beiden Aspekte waren für die SED von höchstem Stellenwert, da sie Agitation und Propaganda „als Beiträge zur Stärkung der DDR, zur Erläuterung von Parteibeschlüssen, zur Erziehung der Menschen zum Sozialismus und zur Auseinandersetzung mit dem Imperialismus"[37] sah. Im Jahre 1960 beschäftigte die DEWAG 4.000 Mitarbeiter, von denen 170 als Grafiker arbeiteten. Eine Besonderheit für die DDR war die intensive Kooperation mit freiberuflichen Grafikern und Werbetextgestaltern. Diese konnten sich vom Staat eine offizielle Zulassung vergeben lassen. Dazu wurde bei Beantragung eine Gutachterkommission einberufen, die jeden Antrag einzeln prüfte, um dann zu entscheiden, ob er rechtmäßig ist.[38] Bei Mitgliedschaft in einer der SED-Organisationen wurden die Freiberufler automatisch zugelassen, da die „Treue zum Staat und zum Sozialismus" nicht angezweifelt wurde. Ein weiteres Indiz dafür, dass die DEWAG jegliche Werbung im Staat kontrollierte und lenkte war der von ihr angebotene sogenannte „Abonnement-Werbemittel-Dienst"[39]. Handelsbetriebe konnten ab 1960 Mappen mit Werbeplakaten und Vorschlägen zur Gestaltung bestellen, wobei „konnten" aus heutiger Sicht nicht korrekt ist, da die Betriebe nur Werbung betreiben durften, die diesen Vorschlägen und Musterplakaten entsprach. Dieses Vorgehen hatte für die DEWAG und somit auch für die SED als ganzes zweierlei Vorteile: Zum einen sparten die Betriebe - und somit im sozialistischen Wirtschaftssystem auch die Einheitspartei-finanzielle Mittel für Mitarbeiter, die für Werbedesign zuständig wären. Zum anderen konnte man dadurch sichergehen, dass die Werbung nicht als versteckte Kritik am System verwendet wurde und die Werbelandschaft ausschließlich ihren Vorstellungen entsprach. Durch die DEWAG-Werbung konnte massenpolitische Agitation und Propaganda von SED und ihren Massenorganisationen (z.B. Freie Deutsche Jugend, Demokratischer

---

[36] Tippach-Schneider, Simone, Das große Lexikon der DDR-Werbung, Berlin 2002, S.72

[37] Ebd., S.15

[38] Ebd., S.404

[39] Ebd., S.12

Frauenbund Deutschlands) visualisiert werden. Deshalb kann man grundsätzlich sagen, dass die DEWAG zwei große Hauptaufgaben hatte: Erstens den Absatz gezielt zu lenken und dadurch die sozialistische Wirtschaft zu stärken und zu unterstützen und zweitens die sozialistische Politik und ihre Ideologie mit den zur Verfügung stehenden Werbemedien zu propagieren und zu popularisieren.[40] Ab 1970 wurde von der SED ein Werbeverbot verhängt und der volle Fokus der DEWAG auf politische Propaganda und Agitation gelegt. Dies resultierte aus einer großen Unzufriedenheit am System, die sich in der Gesellschaft breitmachte. Durch diese Maßnahme wollte die SED die Zweifel am System beseitigen und die Wogen in der Gesellschaft glätten.[41]

5. Auswertung eines beispielhaften Werbeplakats der DDR

Im Folgenden wird ein Werbeplakat der SED ausgewertet, das von der DEWAG entworfen und publiziert wurde.

Auf dem Plakat sind ein Mann und eine Frau zu sehen, die in der Küche stehen. Der Mann, der einen Hut und einen Anzug mit Krawatte trägt und einen Koffer unter dem Arm hält, hebt den Deckel eines Topfes an und schaut mit weit geöffneten Augen und Mund hinein. Die Frau trägt eine Küchenschürze, hat die Hände in die Hüften gestemmt und lächelt den Mann an. Im Mittelgrund sind mehrere Produkte zu sehen, wie z.B. Fisch, Eier und Milch. Daneben befindet sich ein roter Schriftzug, der lautet: „Oh, das ist ja fein…". Im Vordergrund steht ein Text, der besagt: „Unser Speisezettel wird ständig umfangreicher durch die Importe aus der Sowjetunion und den Volksrepubliken und durch mehr und hochwertigere Erzeugnisse eigener Produktion".

---

[40] <u>Tippach-Schneider, Simone,</u> Das große Lexikon der DDR-Werbung, Berlin 2002, S.15.
[41] Ebd. S.8.

http://virtuelles-ddrmuseum.de/seiten/ddrwerbung.htm

Dieses Werbeplakat ist ein sehr gutes Beispiel für die Maßstäbe und Werte, die die DDR-Werbung ausmachten. Man versucht die heile Welt darzustellen, indem man erstens eine glückliche Ehe darzustellen versucht. Das soll mit dem Lächeln der Frau erzielt werden. Auch die typische Rollenverteilung von Mann und Frau wird hier verdeutlicht. Die Frau kocht zuhause während der Mann von der Arbeit kommt. Zweitens wird eine starke Wirtschaft vorgegeben, die eine gute Versorgung des Volkes gewährleisten soll. Auch hier stellt man fest, dass in der Werbung bzw. in der Propaganda nicht immer mit der Wahrheit gearbeitet wird. Durch Halb- und Unwahrheiten werden die erheblichen Mängel in der Wirtschaft der DDR überdeckt und in ein besseres Licht gerückt. Auffällig bei diesem Plakat ist, dass die Produkte, die hier dargestellt werden, diejenigen sind, an denen es in der DDR am meisten gemangelt hat, u.a. Fisch, Eier oder Mehl[42]. Desweiteren

---

[42] Golonka, Joanna, Werbung und Werte: Mittel ihrer Versprachlichung im Deutschen und im Polnischen, Wiesbaden 2009, S.31.

wird sich in dem Plakat damit gerühmt, dass man diesen Wohlstand nur aus sozialistischer Kraft generiert. Das wird dadurch vermittelt, dass im unteren Text darauf hingewiesen wird, dass die Erzeugnisse nur aus der Sowjetunion, aus anderen sozialistischen Volksrepubliken oder aus der DDR selbst stammen. Damit wird sich vom Westen abgegrenzt, man versucht den Sozialismus zu verherrlichen und zu propagieren, dass man stärker sei als der kapitalistische Westen. Zusammenfassend kann man also sagen, dass dieses Plakat sehr gut darstellt, welche Gefühle und Werte die SED mit ihrer Werbung, Agitation und Propaganda vermitteln und erzeugen wollte.

6. Reflexion & Fazit

Nach Auswertung der Ergebnisse und der kritischen Reflexion dieser Arbeit stellt man fest, dass man die Werbung in der Deutschen Demokratischen Republik keinesfalls nach „kapitalistischen" und westlichen Aspekten betrachten und analysieren kann und darf. Dies ist erstens dadurch zu erklären, dass das Wirtschaftssystem ganz andere Schwerpunkte aufwies. Zweitens war es für den Sozialimus, anders als im Kapitalismus, vonnöten, die Stärke der Ideologie immer wieder zu betonen und zu propagieren, da man die Gesellschaft so gleich wie möglich halten und jeglichen Pluralismus unterdrücken musste, um Konflikte zu vermeiden, die Zweifel am System aufkommen lassen hätten. Beim Zurückkommen auf die anfängliche Frage, wie viel politische Propaganda und wie viel Warenwerbung tatsächlich in der DDR-Werbung steckte, stellt man fest, dass die Antwort eindeutig ist. In der sozialistischen Werbung musste es nicht darum gehen, den Absatz der Produkte zu maximieren, da dieser ohnehin im Fünfjahresplan festgelegt wurde. Höchstens die Lenkung des Absatzes war ein Thema. Jedoch war das Hauptziel der Werbung die politische Propaganda und die Agitation der marxistisch-leninistischen Ideologie.

Im Hinblick auf die Werbesprache in anderen historischen Systemen, die auf einer Ideologie beruhten, kann man nicht pauschal sagen, dass diese Werte und Aspekte der Deutschen Demokratischen Republik auf alle dieser Systeme zutreffen. Hierzu müsste man diese politischen Systeme unter den Leitfragen dieser Arbeit betrachten, um feststellen zu können, ob die politische Propaganda genauso im Vordergrund stand. Interessante Vergleiche wären zum Beispiel das Dritte Reich unter den Nationalsozialisten oder die spanische Diktatur unter General Franco.

7. Literaturverzeichnis

Schriftliche Literatur

Benning, Kristen, Die Geschichte des SED-Zentralorgans „Neues Deutschland"
von 1946 bis 1949, Münster 1997.

Gibas, Monika, Propaganda in der DDR, Erfurt 2000.

Golonka, Joanna, Werbung und Werte: Mittel ihrer Versprachlichung im
Deutschen und im Polnischen, Wiesbaden 2009.

Grabowsky, Ingo, Agitprop in der Sowjetunion. Die Abteilung für Agitation und
Propaganda 1920-1928, Bochum/Freiburg 2004.

Hamann, Lennart, Werbung in der DDR. Produktionformation oder politische
Propaganda, Hamburg 2014.

Lenin, Wladimir Iljitsch, Drei Quellen und drei Bestandteile des Marxismus, In:
Prosweschtschenije von 1920.

Meyers Neues Lexikon Bd. 42, Leipzig 1972.

Stalin, Josef, Über Dialektischen und Historischen Materialismus, Moskau 1938.

Tippach-Schneider, Simone, Das große Lexikon der DDR-Werbung, Berlin 2002.

Werle, Gerhard, Strafjustiz und DDR-Unrecht: Gewalttaten an der deutsch-
deutschen Grenze, Berlin 2002.

Wilke, Jürgen, Medien DDR, In: Fischer Lexikon. Hrsg. Von Elisabeth Noelle-
Neumann, Frankfurt am Main 2002, S. 214-240

Internetadressen

<u>Martens, Bernd (2010)</u>, Die Wirtschaft in der DDR

unter: http://www.bpb.de/geschichte/deutsche-einheit/lange-wege-der-deutschen-einheit/47076/ddr-wirtschaft [letzter Zugriff: 01. März 2018, 18 Uhr]

<u>Sauerland, Dirk</u>, Kapitalismus

unter: http://wirtschaftslexikon.gabler.de/Definition/kapitalismus.html   [letzter Zugriff: 08. März 2018, 20 Uhr]

<u>Sauerland, Dirk</u>, Sozialismus

unter: http://wirtschaftslexikon.gabler.de/Definition/sozialismus.html   [letzter Zugriff: 08. März 2018, 23 Uhr]

<u>Sauerland, Dirk</u>, Zentralverwaltungswirtschaft

unter:

http://wirtschaftslexikon.gabler.de/Definition/zentralverwaltungswirtschaft.html [letzter Zugriff: 08. März 2018, 23 Uhr]

http://virtuelles-ddrmuseum.de/seiten/ddrwerbung.htm [letzter Zugriff: 9. März 2018, 13 Uhr]